# Origami
# Sewing

ミシンをつかわないあたらしい洋裁

浜井弘治 | Hamai koji

## 目次 Contents

対談　浜井弘治×内田春菊 ……………6
Origami Sewing ……………10
用意するもの ……………14
001　tote bag with gusset ……17
002　book tote bag ……23
003　shoulder bag ……29
004　shoulder bag with gusset ……35
005　tote bag ……41
006　party clutch bag ……47
007　carry tote bag ……55
008　clutch bag ……61
009　DJ bag ……69
010　hand bag ……75
011　cat tote bag ……83
012　dog tote bag ……91
カシメの取り付け方 ……………98
プロフィール ……………99
衣装紹介 ……………100

対談 　服飾デザイナー　浜井弘治 ✕ 漫画家　内田春菊

### 二人の出会い

**内田** 1998年は私にとって、怒涛のように浜井弘治が襲いかかってきた年でした。「こどもの一生」や麿赤児さんの舞台など、次々と浜井作品が現れてあらがえない。パルコの浜井ショップのど真ん中にジャージ編機があって、それも調子が悪くて止まってるってのがまた良かった。私がショップに残した顧客カードから連絡をもらって知り合うことが出来ましたが、その後も浜井さんが衣装を担当した野田秀樹さんの「ローリングストーン」という芝居に出た人物に、「それ浜井さんのジーンズじゃないすか?」と声をかけられて恋に落ちてしまったり、もう浜井さんのおかげでどんどん人生に影響が。その人との間に三人目の子が出来て、前の2子と一緒に前の結婚相手の所から夏に家出して、何にも持ってなかったから浜井さんに冬服をいっぱいもらったり。

**浜井** 僕は、文化服装学院時代の友人が、内田さんのファンで彼からすごく進められて漫画『呪いのワンピース』、『ファザーファッカー』等を読みファンになりました。ご自宅にミシン部屋があるくらい洋裁がお好きな内田さんですが、ソーイングを好きになったキッカケを教えてください。

**内田** 戦後に洋裁学校がいっぱい出来た時、私の母も手に職をつけようと通ったようで、縫い物も編み物も気が付いたら教わっていたかな。家庭科でやるようになったら学校で習うものはつまんなくて……。中学の課題のシンプルなワンピースの型紙を母に聞いて改造して、セーラーカラーをくっつけたりしましたね。学校のミシンが足踏みから電動に変わり始めた頃です。

**浜井** ウチは、幼い頃、両親がテーラー(オーダー紳士服の職人)で、特に母は制服まで作る人でしたし、職人の意地みたいなものがあったのでしょう、小学校の入学式の集合写真で、全員制服なのに僕1人だけダブルのスーツを着てネクタイを締めて写っているのですが、全員アイツはなんだ!という顔でこちらを見ており

恥ずかしい1日でした。(笑)

## ファッションに目覚めた頃

**浜井** 僕の場合は、『ポパイ』という雑誌が中学2年生の時にマガジンハウスより創刊されてその影響を受けました。ポパイは、創刊当初より、ジョギング特集をやるのですが、「なぜ今ジョギングか？」という理由まで書いてあるのです。そして、ジョギングにはこのウエアーだ！シューズだ！とファッションも優先に特集されており、当時の僕には刺激的でした。

**内田** 私の場合は中学一年生の時に仲條正義さんがデザインされた『花椿』との出会いです。喜んでずっと持ち歩いて学校にも持って行き、何故か親を呼び出されてしまいました(笑)。

**浜井** 自分で作りたい！とか無かったですか？

**内田** 作るのは好きでいろいろ挑戦したけど、実際着て歩けるものが仕上がるようになるまでは山のように失敗しました。基本も出来ないうちからアレンジするシロウトあるあるですかね？洋裁学校出たはずの母は何故かダンスの教師の免許持ってて、サーキュラースカートよく縫ってたな。でもいつの間にかホステスになり、カーテン生地でドレス縫っちゃったり。そんなの見てたからか、私も布の選び方がかなりわかってなかった気がする。私、10代で家出したんですけど、貧乏してても常にミシンは持ってましたね。今思えば自分で縫ったかなり変な服でホステスやってて「誰かこいつに服買ってやれよ」って言われたこともあった。

**浜井** ウチの両親の場合は、例えば、英国インポートの生地で作ったジャケット、ベスト、半ズボン等、作るものが全て職人ぽかったですね。

**内田** 職人的なところが浜井さんぽくないですか？浜井さんってショーの最後だけ偉そうに現れるデザイナーみたいなイメージ全然ないよね。自分で歩いて素材見つけて、せっせとミシンも踏む。

**浜井** 表現者だけでなく、生地を作る人や職人が登場できる様なファッションショーって無いのかという思い

**内田春菊プロフィール**
1959年長崎生まれ。洋裁学校出身で社交ダンス教師免許を持つダンシングマザーに縫い物や編み物を指導されて育つ。1984年漫画家デビュー、その後小説家、俳優、脚本家、歌手、映画監督としても活動。
浜井弘治作品との出会いは1998年秋、雑誌に紹介されたジッパージーンズ。実物を見るためにパルコ内の浜井ショップに行く前に「こどもの一生」を観劇、衣装に一目ぼれし、のちにそれも浜井の仕事と知る。2000年、浜井が衣装を担当した野田秀樹の演劇「ローリングストーン」に出演した人物とうっかり再々婚(のちに再々離婚)。合計4児を設け、子供服を縫いまくる。2001年、責任編集ムック「内田金玉(うちだきんぎょく)」では浜井作の妊婦服グラビアを制作(デザイン秋山具義・撮影長島有里枝)。その後も浜井和紙ジャージの制作過程をマンガパネルで説明するなど折々浜井との仕事を楽しみにしている。

で、1994年に"工場見学"というインスタレーションを開催した事もあります。これは、ある意味モデルが出ないファッションショーで、当時あった銀座のソニービルに編機を持ち込んで編機を動かしファッションの作る過程を見せるという、正にファッションの工場見学という方法でした。

**内田** そうそう、見せ方も創意工夫に満ちてますよね。芝居の衣装を沢山頼まれるのもわかるよ。私も、責任編集ムックの企画や結婚式なんかでいろんな服作ってもらったけど、妊婦服なのに戦闘服だったり運動用ジャージだったり、渦巻き型にお腹が出っ張ってるドレスだったり、ウエディングドレスなのにステンレスだったり。浜井さんは「これはまさかないだろう」と思ってるやつから私が選んでくって言ってるけど、そもそも全部そんな発想なのよ。

## 日本人の知恵に思う

**浜井** 折り畳む時にできる折り目ってありますよね。これを美しいと思う感覚って日本独自のモノらしいです。西洋の場合でもドレスシャツ（Yシャツ）は畳みますが、着る時にアイロンを掛けてシワを伸ばします。日本の場合、着物は折り線を生かした折り目を生かします。これも日本の知恵の一つだと思います。

**内田** 着物って最小限しかハサミが入ってなくて、ほどいて合わせれば一枚の布に戻るそうですね。どこかが

ボロボロになっても、刺し子で補強したりモンペになったり襦袢になったりと、次々リユースされてたようです。

**浜井** それから柔道着の衿は、掴(つか)みやすいように作ってありますが、解いて中を見ると洋服の様に芯が入っているのではなく、生地を4つに折り畳んで上からミシンでステッチを叩いているだけです。これだと生地が手に馴染んで握り易いです。

**内田** そういえば、畳むという事についてですが、イタリアの友人宅に行った時、タンスみたいなものが無かったです。ナルニア国(注)なんかでも、クローゼットに凄い洋服が沢山掛かっている向こう側に国がありますね。

**浜井** 日本だと、タンスの引き出しの服の向こう側に国があって、畳んだモノが飛び出す様な折紙のファンタジーになりそうですね。（笑）

（注）英国の作家 C・S・ルイスのファンタジー小説「ナルニア国ものがたり」の舞台となる架空の国。

# Origami Sewing　　浜井　弘治

**序文**

　美は一つでなく沢山ある。孤高の美というが、それもある時に価値が変われば何の価値もないモノに落ちていく事もある。また逆に何の価値も無いモノにモノの見方を変えたり魂を吹き込む事で、新たな美に生まれ変わる事がある。

　服飾デザイナーは、アドリブで素晴らしい造形力と想像力を作り出す事が要求される。20代、若手といわれた時の僕は、インプロビゼーション（アドリブ性）で何かを作る事が大の苦手だった。その反面、用意周到に準備してモノを計画的に作るコトは得意だ。そして、瞬発力で何かをする事も苦手だが、コツコツと時間をかけて色々なモノを集めそれを展開していくコトも得意だ。その中の一つが日本独自の文化に目を向けてそれらの情報を集めて丸暗記し自分なりの解釈と感性で表現するところから入った。その一つが折紙の造形的な発想だった。

**日本独特の文化**

　薬で治すか？自然治癒を促すか？

　西洋と東洋には、それぞれ独自の美意識の違いがある。

　更に、歴史上類い稀にみる鎖国をやっていたせいなのか、東洋の中でも日本には、風土や民族の知恵からなる独自の文化があり、それを美の一つとするものが多くある。

　いくつか身近な例を挙げる。

　「押す。」と「引く。」鋸（のこぎり）。鉋（かんな）。

西洋の鋸が押して切るのに対して、日本の鋸は引いて切る道

具である。西洋の鉋は押して使うのに対して、日本の鉋は引いて使う。そして、これらは、刃の向きが完全に逆である。

「靴を脱ぐ。」日本は、東アジアの中でも一際高温多湿だったせいか、靴を脱いで部屋に上がるという生活習慣がある。その中で凄いのが、足袋だ。独自の部屋履きを誕生させた。

化学染料の「染める。」と藍染の「染まる。」人類最古の染色方法と云われる藍染は、藍液に浸したところで染まる訳ではなく、染料が空気に触れて酸化されて染まる。

「包む。」包むという風呂敷の文化がある。一枚のコンパクトな布が、時には便利なトートバッグに、時には重厚な意味ある封筒に変わっていく。

「日本家屋の和紙」和紙は、知恵と機能の素材である。なぜ、日本家屋に和紙が多く使われているのだろうか？単に美しいもあるが、機能美からではないか？と推測する。日本の気候は、夏は高温多湿、冬は乾燥する。和紙は湿気ある夏に水分を吸収し、乾燥期の冬に水分を吐き出す。和紙が呼吸する事で快適な空間を作っている。

そして、今回のテーマ「折る畳む」であるが、これも日本独自の知恵から生まれた文化である。

## 折る畳む　たたみシワという日本独自の文化

ファッションアイテム、特にアウター、トップスと云われるジャケット、コート、ワンピース、ベストは、極めて立体的に作られている。これら洋服の発生は、西洋人が日本人に比べて胸板が厚く立体的な体の構造をしている理由であると云われている。更にプロフィールという言葉があるが、日本で

は単に横顔と訳されるが、西洋ではそれ以上の意味がある。西洋人は、東洋人に比べて頸部が長く柔らかな曲線を描く、これらの理由から洋の服は極めて立体的に出来ている。

　それでは、東洋の美の見識はどうだろう？西洋のプロフィールに対して、弥勒菩薩がそうである様に東洋では、正面もしくは6対4の角度から見て美を感じ取る見識があり、何処までも平面的である。これら西洋と東洋の様式は、どちらが優れた美であるという訳ではなく、美の解釈の違いでどちらも美しいと云える。

　そして、これら洋服は保管するのに肩傾斜があり立体的になったハンガーに吊るし、クローゼットに保管する事が殆どである。しかし、日本の着物は、コンパクトにタンスの引き出しの中に畳んで保管する。それらは着物の種類によって畳み方もある。例えば、長着（ながぎ）や羽織（はおり）の正しいたたみ方には、本畳みがあり、本畳みに対する仮のたたみ方で、袖畳みがある。また、襦袢（じゅばん）やコートなどのたたみ方は、襦袢畳み。二枚重ねの長着や絵羽（えば）模様の着物、子供の着物、夜着（よぎ）、丹前（たんぜん）などのたたみ方には、夜着畳みである。

　そして、タンスから取り出し、着る時に出る肩にある折り線の美しさが着用した時の造形美として重要だ。この肩線は肩にのせないで着る事が正しい。男物は、肩線が前にくる。そして女物は衿を抜いて着るために肩線が後ろにくる。

　つまり、着物には、古来より折り畳んだ一種の皺を美として捉える風習がある。最もわかりやすいのが、袴である。袴には折り畳んだ線が前に5本、後ろに2本、入っているがこれは様式美と機能美が一致したものと言える。

それでは、洋の服であるドレスシャツ(Yシャツ)やTシャツ、カットソー、肌着はどうだろう？（アウトドアには、レインコートのポケッタブルというものまであるが…）これらは、確かに折り畳むが、畳んだ皺を美しいとする解釈まではない。片付け小さくするという意味で畳んでコンパクトにするだけである。そのせいか、あらたまった時や撮影の時などは、これらの折り皺をアイロンで伸ばして消してから着用する。

### 折り紙

　折り紙は、素晴らしい立体造形の概念を持つ。

　段ボールの箱やお菓子のパッケージがそうであるが、西洋では、立体を作るのに鋏やカッターを使って平面を裁断して接着剤を使い、時には芯まで使って組み立てる。

　しかし折り紙は違う。一枚の正方形の紙だけで、ハサミを一切使わず、折り重ねて造形を作る。また、この重なりあった部分が一見無駄な様で、実は重要な芯の役割をするという東洋の合理性からなる。

　折り紙の歴史は、神への供物など様々なものを紙で包むようになり、やがて供物や贈り物を包んだとき紙に折り目がつくことに着目して、包みを美しく折って飾る儀礼の熨斗紙的な事から生まれてきたそうだ。

13

## 用意するもの　Things to prepare

ほつれ難い、横張りのする生地が向いている！
「20//2× 16S オックス サンウェル 9033 D18（赤）」
巾：112cm、
加工：硬仕上げ加工
ラミネート加工の生地であれば、代用が可能

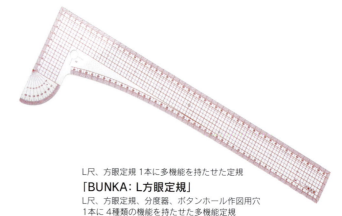

L尺、方眼定規1本に多機能を持たせた定規
「BUNKA：L方眼定規」
L尺、方眼定規、分度器、ボタンホール作図用穴
1本に4種類の機能を持たせた多機能定規

しるしを付けるのに便利！
「三角チャコ」
サイズ：5.8cm、刃厚：0.3mm
カラー：ホワイト、イエロー、ブルー、レッド
目的：生地にしるしを書く

水溶性のチャコペンシル。細かい線を書き込むのに便利。水に溶けるので、安心。
「チャコペンシル」

最もポピュラーな裁断ばさみ
「庄三郎はさみ 上作」
DX-240、洋裁鋏 240mm

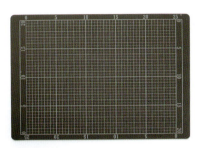

長時間の作業でも快適なカッティングマット
**「カッターマット」**
サイズ：縦 300×横 450×厚さ 2mm
重量：250g、カラー：グリーン、ブラック

布裁断用！自由に切れる
**「ロータリーカッター」**
全長：146.5mm、刃厚：0.3mm
質量：31g

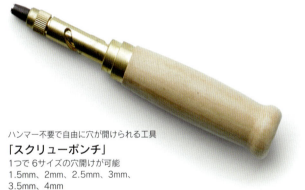

ハンマー不要で自由に穴が開けられる工具
**「スクリューポンチ」**
1つで6サイズの穴開けが可能
1.5mm、2mm、2.5mm、3mm、
3.5mm、4mm

カシメを打つのに使うため、軽めで良い！
**「金槌」**
材質：鉄、長さ：約 330mm程度
呼び寸：頭部サイズ約 225g

布と布のジョイント、機械なし木槌で手軽に打てる！
**「カシメ」**
品名：片面カシメ中
　　　足並 頭 7mm、足 7mm
材質：シルバー（ニッケル）
サイズ：頭直径約 7mm／足全長約 7mm
※カシメの使い方は P98を参照。
（サイズ・位置デザイナーに任せます）

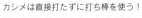

カシメは直接打たずに打ち棒を使う！
**「打ち棒 片面カシメ 中用」**
材質：鉄
サイズ：A　約 120mm、B　約 10mm

# 001
## tote bag with gusset

## 荒木 亜矢子

役者／パフォーマー
早稲田大学第一文学部演劇映像専修卒業。P.A.I.（現・舞台芸術の学校）卒業。2009年よりパパ・タラフマラにパフォーマーとして所属し解散までの3年間、国内外の公演に参加。朝比奈尚行、小池博史、スズキ拓朗演出作品に出演。

①タテ100cmヨコ100cmの正方形

②上下二つに畳み、折り目を付ける

③折り目を付けるために、左右に畳んで4分の1にする

④折り目を付けたら広げる

⑤左下から中心点に向かって折る

⑥左上角から中心点に向かって折る

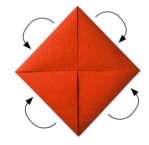

⑦四隅から中心点に折る

⑧上から3分の1に向かって折る

⑨上下3つに折る

⑩左から3分の1に向かって折る

⑪左右 3つに折る。

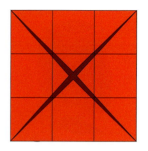

⑫一度広げた後に中心点に向かって折る

⑬もう一方も中心点に向かって折る

⑭箱を作るように左下角を畳む

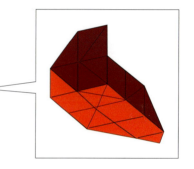

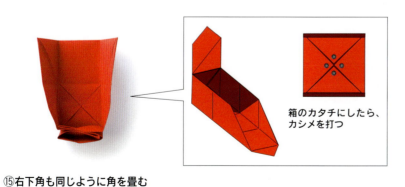

⑮右下角も同じように角を畳む

箱のカタチにしたら、カシメを打つ

角を折ればもうすぐ完成ですね！

⑯ 反対側も、角を折って畳む
（カシメを打つ）

⑰ カタチを整えて、本体ができた！

⑱ 取っ手用の生地を用意

⑲ 3分の1に折る

⑳ 半分にカットする

㉑ 本体に取っ手を付けて出来上がり！

この調子でどんどん作りましょう！

意外と簡単に作れて、楽しいわ！

# 002
## book tote bag

谷口 界
サーカスパフォーマー
1987年生まれ 京都府宇治市出身。沢入国際サーカス学校に入学。P.A.I.（現・舞台芸術の学校）卒業。小池博史ブリッジプロジェクト『風の又三郎』、森山開次演出『サーカス』に出演。サーカスユニット"ホワイトアスパラガス"演出。

①タテ100cmヨコ100cmの正方形

②上下二つに畳み、折り目を付ける

③折り目を付けるために、左右に畳んで4分の1にする

④折り目を付けたら広げる

⑤左下から中心点に向かって折る

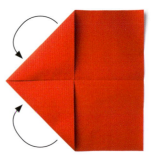

⑥左上角から中心点に向かって折る

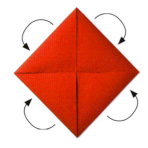

⑦四隅から中心点に折る

⑧90度向きを変える

⑨表からカシメを4箇所打つ

⑩表裏をひっくり返す

⑪上下2つに折る

⑫中心に向かって左右から折り、折り目を付ける

⑬広げた後に上から3cm折る

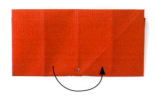

⑭表裏をひっくり返す

⑮再度、中心に向かって左右から折る

⑯表裏をひっくり返す

⑰上から3cm折る

⑱取っ手用の生地を用意

27

⑲ 3分の1に折る

⑳ 半分にカットする

㉑ 開かないようにカシメを打つ

㉒ さらにカシメを打つ

㉓ カシメを打って取っ手を付ける

㉔ 完成

# 003

## shoulder bag

①タテ100cmヨコ100cmの正方形

②上下二つに畳み、折り目を付ける

③折り目を付けるために、左右に畳んで4分の1にする

④折り目を付けたら広げる

⑤左下から中心点に向かって折る

⑥左上角から中心点に向かって折る

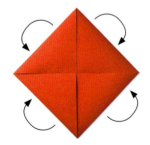
⑦四隅から中心点に折る

⑧90度向きを変える

⑨表からカシメを4箇所打つ

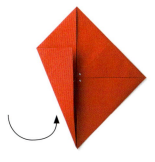

⑩ 中心線に向かって折る

⑪ もう一方側も中心線に向かって折る

⑫ Aに向かって上隅から折る

⑬ 折り目Bに向かって折る

⑭ 中に折り込む

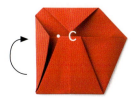

⑮ Cに向かって折り目を付ける

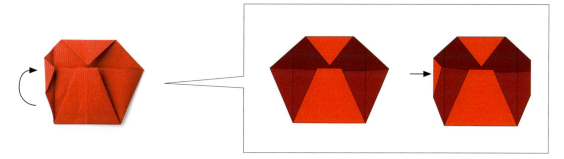

⑯ 付けた折り目に向かって折り直し、折り目を付ける

33

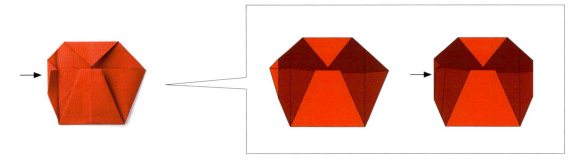

⑰付けた折り線の内側に折り込む

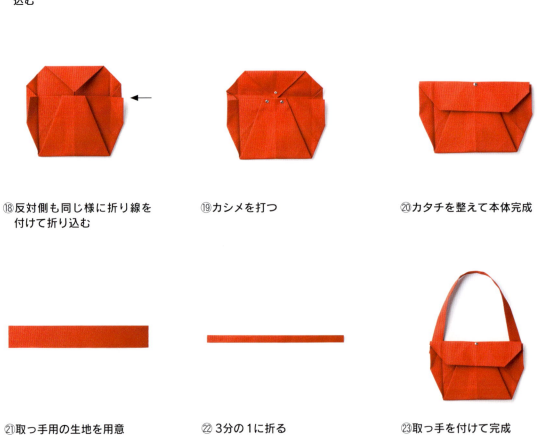

⑱反対側も同じ様に折り線を付けて折り込む

⑲カシメを打つ

⑳カタチを整えて本体完成

㉑取っ手用の生地を用意

㉒3分の1に折る

㉓取っ手を付けて完成

# 004

## shoulder bag with gusset

①タテ100cmヨコ100cmの正方形

②上下二つに畳み、折り目を付ける

③折り目を付けるために、左右に畳んで4分の1にする

④折り目を付けたら広げる

⑤左下から中心点に向かって折る

⑥左上角から中心点に向かって折る

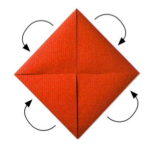

⑦四隅から中心点に折る

⑧90度向きを変える

⑨表からカシメを4箇所打つ

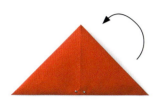

⑩角から角へ対角に折る

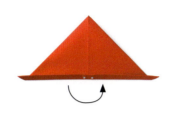

⑪底辺から5cm折り上げ、折り目を付ける

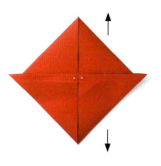

⑫折り目を付けたら、上下に開く

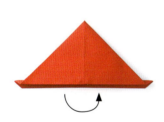

⑬折り谷を付けるために、内側に折り込む

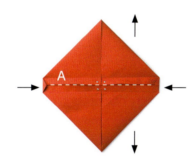

⑭折り目を付けたら上下に開き、付けた折り線Aに向かって左右を折る

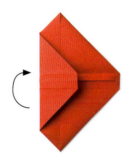

⑮左から3分の1に折る

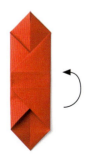

⑯3つに折る

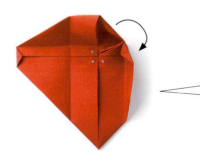

⑰折り目を付けたら開き、底の角を支点に箱を作る様に折る

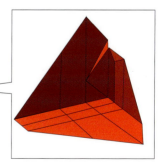

39

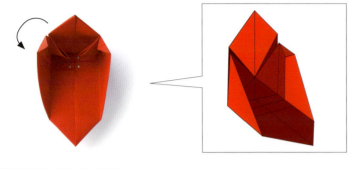

⑱ 反対側も同じ様に折る

⑲ 箱型に仕上げる

⑳ 横から見たところ

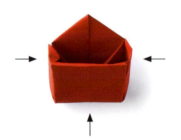

㉑ 三角部分を折り込み、カタチを整える

㉒ カシメを打つ

㉓ 取っ手用の生地を用意

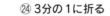

㉔ 3分の1に折る

㉕ 取っ手を付けて完成

# 005

tote bag

①タテ100cmヨコ100cmの正方形

②上下二つに畳み、折り目を付ける

③折り目を付けたら広げる

④左下から中心点に向かって折る

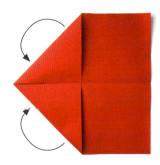

⑤左上角から中心点に向かって折る

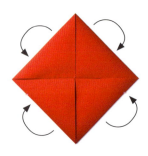

⑥四隅から中心点に折る

⑦90度向きを変える

⑧表からカシメを4箇所打つ

⑨折り目を付けたら、三角形にする

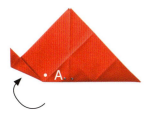

⑩ Aを支点に付けた折り線へ三角形に折り目を付ける

⑪ 折り目を付けたら開く

⑫ 三角形を折り込む

⑬ その他の四隅も同じ様に折る

⑭ 4つの角を同じ様に折り目を付ける

⑮ 折り目を付けたら開く

⑯ 折り目を付けたら開き、底の角を支点に箱を作る様に折る

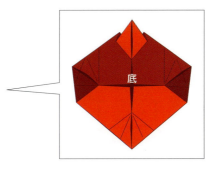

折り目を強く付けるとカタチにしやすいのです!

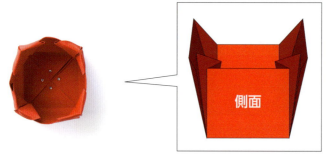

⑰ その他の角も同じ様に折り、箱を作る

⑱ カタチを整える

⑲ カタチを整えたら、カシメを打つ

⑳ 取っ手用の生地を用意

㉑ 3分の1に折る

㉒ 半分にカットする

㉓ 取っ手を付けて完成

我ながら上出来だわ！

# 006
## party clutch bag

①タテ100cmヨコ100cmの正方形

②上下二つに畳み、折り目を付ける

③折り目を付けるために、左右に畳んで4分の1にする

④折り目を付けたら広げる

⑤左下から中心点に向かって折る

⑥左上角から中心点に向かって折る

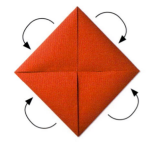

⑦四隅から中心点に折る

⑧90度向きを変える

⑨表からカシメを4箇所打つ

⑩隅より中心点に向かって折り、折り目を付ける

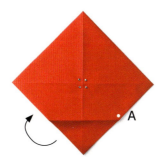

⑪折り目を付けたら開く

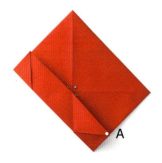

⑫折り目を付けた Aに向かって折る

⑬反対側も折る

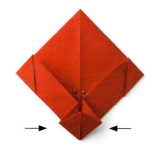

⑭付けた折り目に対して折り込む

強く折り目を付けなくちゃ！

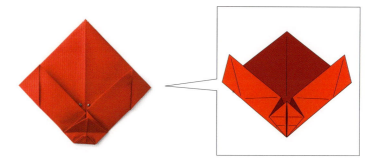

⑮Bに向かって折り目を付ける

⑯折り目を付けた中心に向かって折る

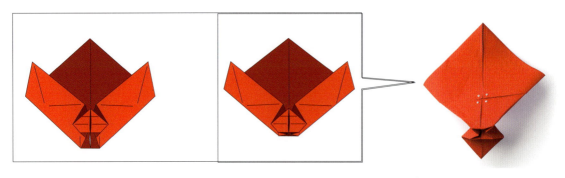

⑰ひっくり返し折り込む

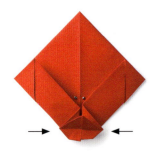

⑱付けた折り線に向かって折り込む

⑲左側に畳んで折り線を付ける

⑳左側に畳んで折り線を付ける

㉑折り上げて折り線を付ける

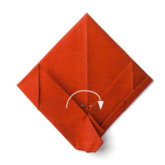

㉒右に畳む

㉓反対側も同じ様に折る

㉔開いたら、再度よく折り畳む

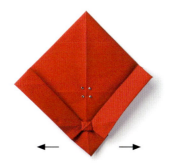

㉕付けた折り線を開く

㉖ひっくり返し、上下に向きを変える

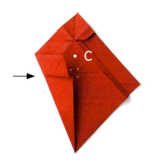

㉗Cに向かって折る

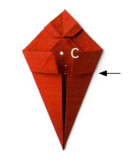

㉘反対側もCに向かって折る

㉙上側もCに向かって折る

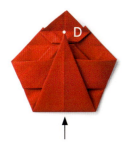

㉚付けた折り線 Dに向かって折る

㉛折った先端部分を折り込む

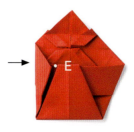

㉜Eに向かって折り目を付ける

 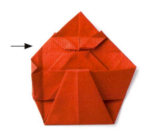 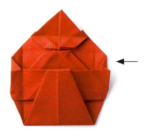

㉝ 開いた折り目線に向かって、折り目を付ける　　㉞ 折り込む　　㉟ 反対側も同じ様に折る

㊱ カシメを打つ　　㊲ 完成

# 007
### carry tote bag

①タテ100cmヨコ100cmの正方形

②三角形に折り、折り線を付ける

③折り線を付けたら開く

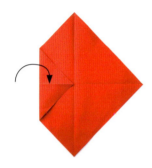

④中心点に向かって折り、折り線を付ける

⑤反対側も折り、折り線を付ける

⑥付けた折り線に向かって折る

⑦反対側も折り線を付けるために折る

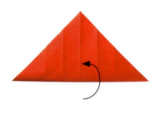

⑧開いた後に、三角形に折り上げる

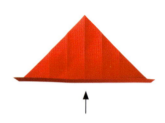

⑨三角形の底辺から5cm折り上げ、折り線を付ける

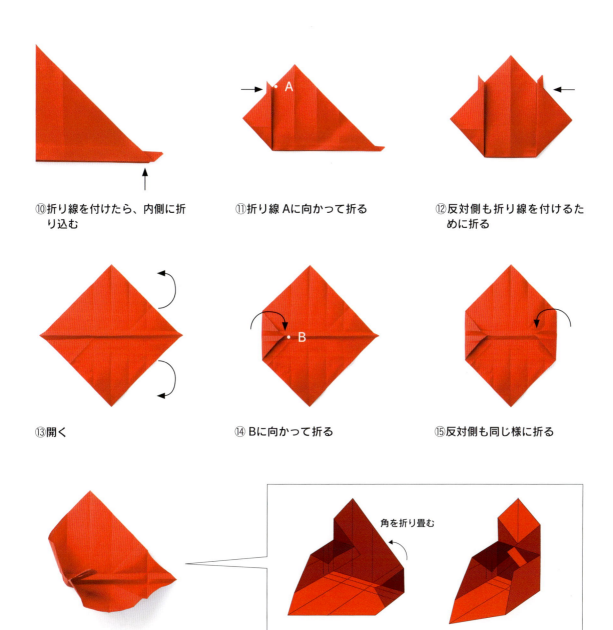

⑩折り線を付けたら、内側に折り込む

⑪折り線 Aに向かって折る

⑫反対側も折り線を付けるために折る

⑬開く

⑭Bに向かって折る

⑮反対側も同じ様に折る

⑯箱を作る様に左下角を畳む

角を折り畳む

⑰その他の四隅も、箱を作る様に折る

⑱折り込みカタチを整える

⑲カシメを打つ

⑳カタチを整えて本体完成

㉑取っ手用の生地を用意

㉒ 3分の1に折る

㉓取っ手を付けるためにカシメを打つ

㉔完成

とっても使いやすそう！

# 008

## clutch bag

61

①タテ100cmヨコ100cmの正方形

②三角形に折り、折り線を付ける

③折り線を付けたら開く

④折り目を付けたら広げる

⑤左下から中心点に向かって折る

⑥左上角から中心点に向かって折る

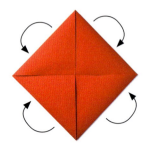

⑦四隅から中心点に折る

⑧90度向きを変える

⑨表からカシメを4箇所打つ

⑩折り目を付けるために折り上げる

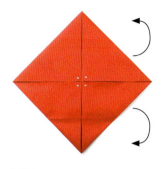

⑪開く

折り目はしっかり付けてくださいね！

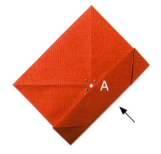

⑫ひっくり返す

⑬一辺から中心Aに向かって折る

⑭反対側を同じ様に折る

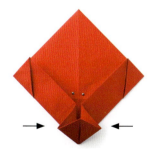

⑮付けた折り目に対して折り込む

⑯Bに向かって折り目を付ける

⑰折り目を付けた中心に向かって折る

65

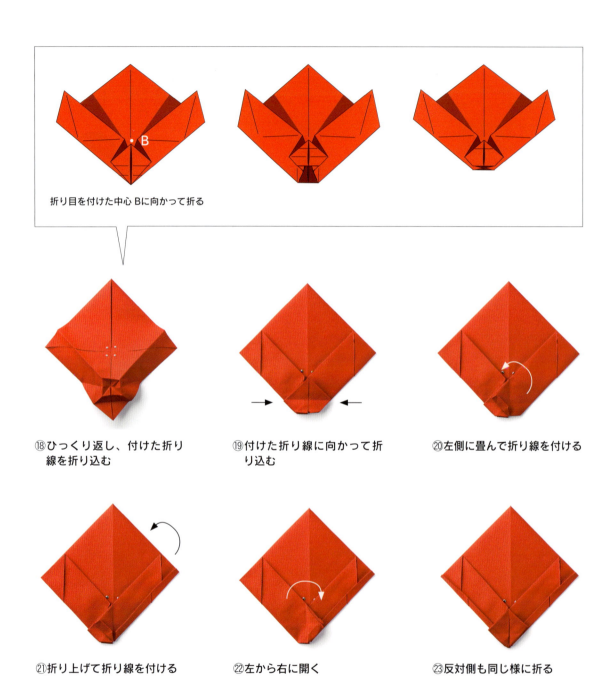

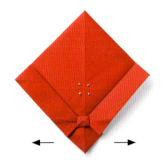

㉔付けた折り線を開く

㉕ひっくり返す

㉖三角形に2つに折る

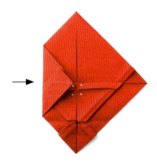

㉗中心に向かって折る

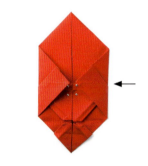

㉘反対側も同じ様に、中心に向かって折る

㉙中心点より5cm上のCに向かって折る

㉚カシメを打つ

㉛角から、リボンの下部分Dに向かって折る

㉜三角形に10cm折り返し、カタチを整えてカシメを打つ

67

㉝完成

# 009

## DJ bag

①タテ100cmヨコ100cmの正方形

②三角形に折り、折り線を付ける

③折り線を付けたら開く

④折り目を付けたら広げる

⑤左下から中心点に向かって折る

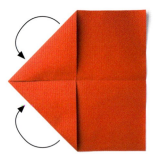

⑥左上角から中心点に向かって折る

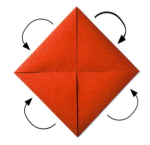

⑦四隅から中心点に折る

⑧90度向きを変える

⑨表からカシメを4箇所打つ

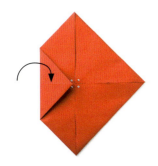

⑩中心点に向かって折り、折り線を付ける

⑪反対側も折り、折り線を付ける

⑫付けた折り線に向かって折る

⑬反対側も折り線を付けるために折る

⑭開いた後に三角形に折り、三角形の底辺から5cm折り上げ折り線を付け。

⑮折り線を付けたら折り込む

⑯折り線Aに向かって折る

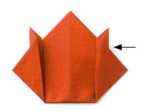

⑰反対側も折り線を付けるために折る

⑱一度開き、折り線を付けたことでできた三角形の頂点Bに向かって折る

73

⑲反対側も同じ様に折る

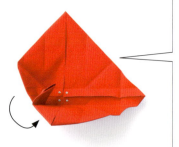
⑳箱を作る様に左下角を畳む

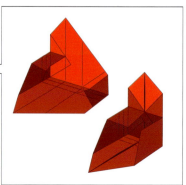

㉑その他の四隅を箱を作る様に折る

㉒三角形を折り込む

㉓カタチを整える

㉔取っ手用の生地を用意

㉕3分の1に折る

㉖カシメを打ち完成

# 010
## hand bag

①タテ100cmヨコ100cmの正方形

②三角形に折り、折り線を付ける

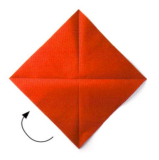

③折り線を付けたら開く

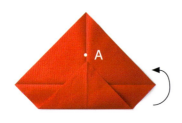

④対角線3分の1のAに向かって折り線を付ける

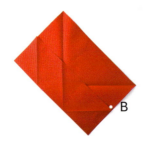

⑤折り線Bに向かって3分の1に折り線を付ける

⑥折り線Cに向かって3分の1に折り線を付ける

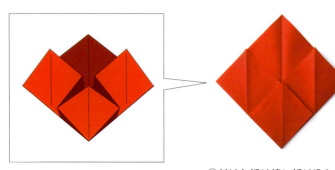

⑦付けた折り線に折り込む

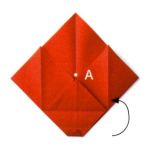

⑧中心点Aの4分の1に向かって折る

78

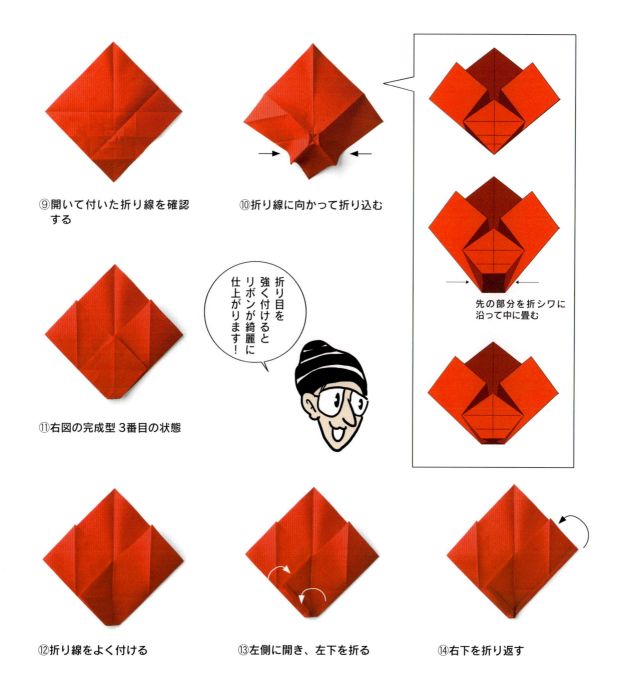

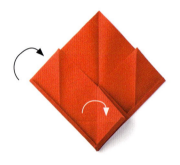

⑮反対側でも同様に折り目を付ける

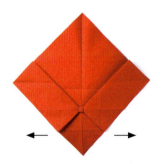

⑯ひっくり返して開くとリボンになる

⑰2つに折って三角形にする

⑱折り目を付けるために中心点に向かって折る

⑲折り目をよく付ける

⑳折り線を付けたら開く

㉑上から3分の1に向かって折る

㉒3分の1に折る

㉓左から3分の1に向かって折る

80

㉔ 3分の1に折る

㉕ 中心点に向かって左右から折る

㉖ 底の角を支点に箱を作る様に折る

㉗ 反対側も同じ様に折る

㉘ 箱型に仕上げる

㉙ 上下取っ手部分を折りながら重ね、カシメを打つ

㉚ 取っ手にカシメを打つ

㉛ 完成

折る工程が多いとさすがに疲れるわ

# 011

cat tote bag

①タテ100cmヨコ100cmの正方形

②三角形に折り、折り線を付ける

③折り線を付けたら開く

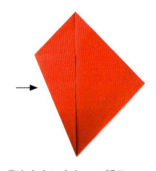

④中心点に向かって折る

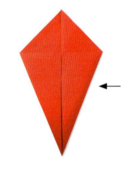

⑤もう一方側も中心点に向かって折る

⑥対角の隅から隅に向かって折る

⑦隅からAに向かって折り目を付ける

⑧反対側にも折り目を付ける

⑨折り目を付けた上下を開く

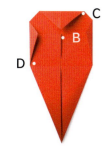
⑩ Bに向かって三角形に折る

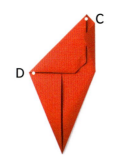
⑪ CとDを支点に折る

⑫ 反対側も同様に折る

⑬ ひっくり返す

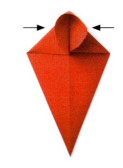
⑭ 付けた折り目に折り込む

⑮ 畳む

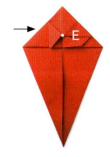
⑯ Eに向かって折り目を付ける

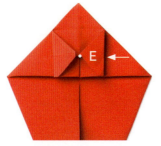
⑰ 反対側もEに向かって折り目を付ける

⑱ 付けた折り目を折り変える

87

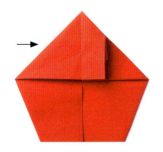

⑲左から右に倒し、折り目を付ける

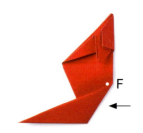

⑳付けた折り目を折り変える

㉑反対側も折り変える

㉒2つに折る

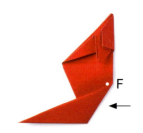

㉓Fを支点に90度に畳む

㉔付けた折り目に折り込む

㉕先を折りながら出す

㉖90度向きを変えてカタチを整える

㉗取っ手用の生地を用意　　㉘3分の1に折る　　㉙半分にカットする

㉚取っ手を付けカシメを打って完成

ネコの顔に見えればカンペキ！

この作品はカワイくてとても癒されるわ

# 012
**dog tote bag**

①タテ100cmヨコ100cmの正方形

②上下二つに畳み、折り目を付ける

③折り目を付けるために、左右に畳んで4分の1にする

④折り目を付けたら広げる

⑤三角形に折り、折り線を付ける

⑥タテ、ヨコ、ナナメに折り目を付けたら開く

⑦中心線に向かって4分の1を折る

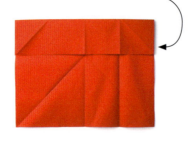

⑧上部も中心線に向かって折る

⑨タテ、ヨコに折り目を付けたら開く

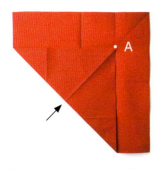

⑩ タテ、ヨコの折り目が交差するAに向かって折る

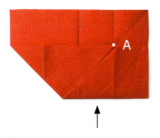

⑪ Aに向かって下部を折る

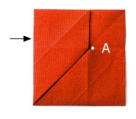

⑫ Aに向かって折る

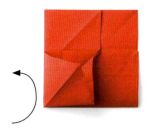

⑬ 付いた折り目を折り変える

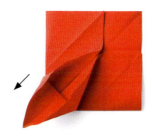

⑭ 開く

⑮ 畳む

⑯ Bに向かって折る

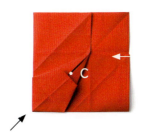

⑰ Cに向かって折る

犬の顔をイメージしながら折ってください

⑱付いた折り目を折り変える

⑲ナナメから見た

⑳カタチを整える

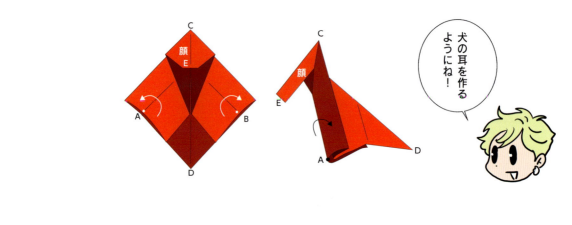

㉑折り込んで耳を作る

㉒90度に折り目を付ける

㉓折り込む

㉔畳む

㉕向こう側も畳む

㉖畳み変える

㉗カシメを打つ

㉘取っ手用の生地を用意

㉙3分の1に折る

㉚半分にカットする

㉛取っ手を付けて完成

見て見て浜井さん完成よ！

97

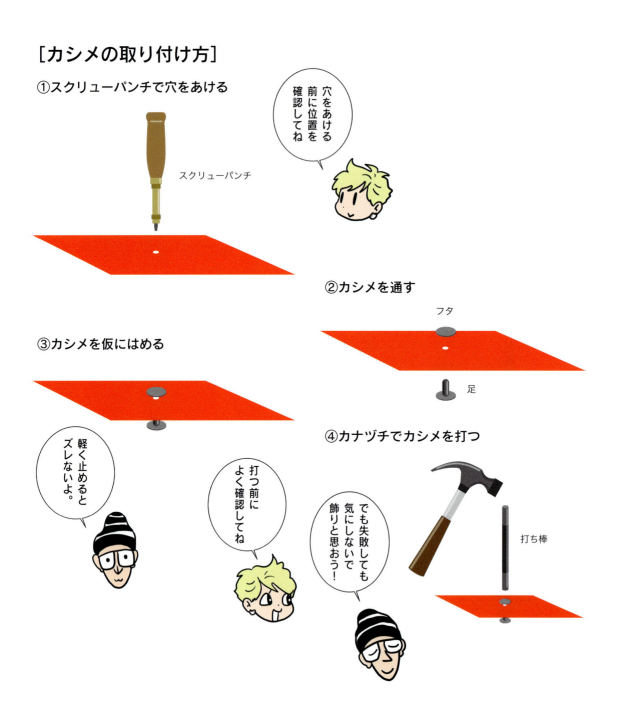

# Profile

服飾デザイナー

**浜井弘治**
Hamai Koji

**Works**

1994年「工場見学」
(銀座ソニービル SOMIDO)
1000枚の残糸 Tシャツの工場見学

2018年小池博史演出
「2030世界漂流」
(吉祥寺シアター)

山口県下関市生まれ。
第61回装苑賞受賞。文化服装学院アパレルデザイン科卒業。繊維産地東京都八王子市のテキスタイルメーカー/みやしん株式会社に入社。
株式会社三宅デザイン事務所に服飾デザイナーとして入社。インターナショナル・テキスタイルデザインコンテスト「ファッション振興財団賞」受賞を機に独立。工場の残った糸を回収した残糸シャツ、和紙デニム等和紙糸テキスタイル開発、衣料の最終地点/反毛 MA-1、バクテリアシャツ、ガラ紡デニム等、ファッション業界の隙間を形にする「株式会社うるとらはまいデザイン事務所」を設立する。

主な EXHIBITION
1994年　「工場見学」(銀座ソニービル SOMIDO) 1000枚の残糸 Tシャツの工場見学
1999年　「和紙の身体」(高知県立美術館)
2012年　「Leftover T-shirts」展(アートスペース獏／福岡市中央区天神)
2015年　「WASHINOITO －未来を着る、浜井弘治の和紙のプロダクト展」(世田谷生活工房)
2016年　「浜井弘治、和紙をプロダクトする。」(山口県立美術館)
2017年　隈研吾監修 ひろしま里山未来博/廃校リノベーション テキスタイルデザイン担当。

主なコスチューム
1997年　アジア六カ国合作「リア」(東急文化村シアターコクーン)
1998年　野田秀樹演出「ローリング・ストーン」(東急文化村シアターコクーン)
2002年　Ong Keng Sen演出「サーチ・ハムレット」(デンマーク／クロンボー城)
2004年　南アジア五カ国合作「物語の記憶」
2013年　ACE ProtecA「篠田麻里子」CM衣装担当
2014年　NTT 東レ「hitoe」企業 CM衣装担当
2018年　小池博史演出「2030世界漂流」(吉祥寺シアター)

## 衣装紹介

**001**

**tote bag with gusset  P18、P19**
残糸ボーダー・プリーツカーディガン
(Pli par Pli)

和紙デニム・バルーンショートパンツ
(Bingo Two Ply)

**002**

**book tote bag  P24、P25**
11OZ 和紙デニム・ジャケット
11OZ 和紙デニム・ベスト
11OZ 和紙デニム・パンツ
(Tiger Bamboo Jeans)
和紙オックスフォード・B.D. シャツ
(Tiger Bamboo Jeans)

**003**

**shoulder bag  P30、P31**
残糸ダブルガーゼ・セーラージャケット
(Tiger Bamboo Jeans)
残糸ダブルガーゼ・イージーパンツ
(Tiger Bamboo Jeans)
クルーネック・半袖Tシャツ
(Tiger Bamboo Jeans)

**004**

**shoulder bag with gusset  P36、P37**
和紙ボーダー・ラグランボートネック
シャツ
(Bingo Two Ply)
サルエル和紙デニム
(Bingo Two Ply)

**005**

**tote bag  P42、P43**
残糸パッチワーククルーネックT
(Tiger Bamboo Jeans)
裁落デニム
(Tiger Bamboo Jeans)

**006**

**party clutch bag  P48、P49**
Hitoe・和紙ダンガリー
(Pli par Pli)

和紙鹿の子・リバーシブルタンクトップ
(Bingo Two Ply)

キュロットプリーツ・スカート
(Tiger Bamboo Jeans)

**007**

carry tote bag P56、P57
7.5oz ストレッチ和紙デニム・
ワークコート
（Tiger Bamboo Jeans）
ウール和紙ジャージィ・イージーパンツ
（Tiger Bamboo Jeans）

**008**

clutch bag P62、P63
7.5oz ストレッチ和紙デニム・ワンピース
（Tiger Bamboo Jeans）

**009**

DJ bag P70、P71
和紙ダンガリー・ワンピース
（Tiger Bamboo Jeans）
11OZ 和紙デニム
（Tiger Bamboo Jeans）

**010**

hand bag P76、P77
アンブレラ OP 和紙ダンガリー
（Pli par Pli）

**011**

cat tote bag P84、P85
シガレットプリーツワンピース・
和紙ダンガリー
（Pli par Pli）

**012**

dog tote bag P92、P93
和紙ダンガリー・別衿 x2
スタンドカラーシャツ
（Tiger Bamboo Jeans）
和紙グレンチェック・キルトスカート
（Tiger Bamboo Jeans）

**OrigamiSewing** ミシンをつかわないあたらしい洋裁

2019 年 10 月 30 日初版　第 1 刷発行

| | |
|---|---|
| 著者 | 浜井弘治 |
| イラスト | 内田春菊 |
| 装丁・デザイン | YAZA |
| スタイリスト | 浜井麻紀 |
| ヘアメイク | 辻 美咲 |
| モデル | 荒木亜矢子、谷口 界 |
| スタジオ | （有）アールビット |
| 撮影 | 妹尾一郎 |
| 撮影協力 | 野村洋輔 |
| 編集 | （株）TM エボルーション（T.M.E） |
| 発行人 | 小黒一三 |
| 発行所 | 株式会社木楽舎 |
| | 〒 104-0044　東京都中央区明石町 11-15 |
| | ミキジ明石町ビル 6F |
| | TEL.03-3524-9572 |
| | http://www.kirakusha.com/ |
| 印刷・製本 | 株式会社シナノ |

ⓒ 2019 Koji HAMAI Printed in Japan

ISBN978-4-86324-141-1 C2077

●本書は著作権法上の保護を受けています。著作権者および株式会社木楽舎との書面による事前の同意なしに、本書の一部あるいは全部を無断で複写複製、転載することは禁止されています。

●落丁本、乱丁本の場合は木楽舎宛にお送りください。送料当社負担にてお取り替えいたします。

●本書に掲載されているすべてのブランド名と製品名、商標はそれぞれの帰属者の所有物です。

●定価はカバーに表示してあります。

**OrigamiSewing**　ミシンをつかわないあたらしい洋裁

定価（本体 1,600 円＋税）

木楽舎